NOTICE

SUR

M. A. CHÉRUEL

PROFESSEUR ET HISTORIEN

Recteur honoraire, Inspecteur général honoraire

Membre de l'Institut

Lue dans l'Assemblée générale de la Société de l'Histoire de Normandie
le 9 Juillet 1891

PAR F. BOUQUET

PROFESSEUR HONORAIRE AU LYCÉE CORNEILLE

(Second tirage complété)

ROUEN

IMPRIMERIE ESPÉRANCE CAGNIARD

rue Jeanne-Darc, 88

1891

NOTICE SUR M. A. CHÉRUEL

NOTICE

SUR

M. A. CHÉRUEL

PROFESSEUR ET HISTORIEN

Recteur honoraire, Inspecteur général honoraire

Membre de l'Institut

Lue dans l'Assemblée générale de la Société de l'Histoire de Normandie
le 9 Juillet 1891

PAR F. BOUQUET

PROFESSEUR HONORAIRE AU LYCÉE CORNEILLE

(Second tirage complété)

ROUEN

IMPRIMERIE ESPÉRANCE CAGNIARD

rue Jeanne-Darc, 88

1891

NOTICE

SUR

M. A. CHÉRUEL

MESSIEURS ET CHERS CONFRÈRES,

Comme vous venez de l'entendre, la Société de l'Histoire de Normandie a fait une très grande perte en la personne de M. Chéruel; car, depuis la naissance de notre Société jusqu'à ces jours derniers, c'est-à-dire pendant vingt-deux ans, il n'a cessé de s'intéresser à elle et de la servir.

Aussi votre Bureau a-t-il décidé qu'une Notice sur notre éminent Confrère serait lue dans votre Assemblée générale de ce jour, et c'est pour remplir ce pieux devoir que je vous prie de m'accorder, durant quelques instants encore, votre bienveillante attention.

La vie de M. Chéruel se partage en deux parties presque égales, trente-huit ans passés consécutivement à Rouen,

coupés seulement, vers sa vingtième année, par une absence
de deux ans, et quarante-quatre ans à Paris et en province.
La période rouennaise de sa vie n'occupe guère que deux
ou trois lignes chez ceux qui en ont parlé le plus longuement, faute sans doute de la connaître. C'est donc le côté
rouennais de son existence que je m'attacherai surtout à
bien mettre en lumière, me contentant de courir sur les
sommets du reste, de façon toutefois à retracer l'ensemble
de cette vie si longue et si bien remplie.

I.

Pierre-Adolphe Chéruel, fils de Louis-Pierre Chéruel et de
dame Marie-Catherine-Françoise Lebreton, mariés en la
commune de Boisguillaume près Rouen, le 1er vendémiaire
an V (22 septembre 1796), naquit à Rouen, le 17 janvier 1809,
rue du Faubourg-Martainville, dans la maison qui porte
aujourd'hui le nº 25. La déclaration de la naissance de leur
dernier enfant fut faite par le père et signée par l'aïeul,
Louis-Marie Chéruel, âgé de quatre-vingts ans, qui avait
bâti, en 1772, la maison, fort belle pour le quartier, où naquit son petit-fils et où se passèrent ses premières années.
Elle resta dans la famille jusqu'en 1884, c'est-à-dire plus
d'un siècle.

A l'âge de dix ans et quelques mois, en octobre 1819, le
jeune Chéruel entra au Collège royal de Rouen, comme pensionnaire, et il y resta, pendant neuf ans, jusqu'à la fin de
ses études, en 1828.

Bien modestes furent ses succès au début. Ainsi, en 1820,
dans la seconde division de septième, il n'eut qu'un simple

accessit, et, en 1821, dans la septième première division, trois accessits. Mais, à partir de la classe de sixième, ses succès grandissent. A Pâques 1822, il remporte le premier prix de semestre, et, à la fin de l'année, un accessit et un autre prix, enfin le prix d'excellence, avec cette mention : « Neuf fois le premier. » Aucune couronne n'était alors plus prisée que celle-là. On la décernait uniquement d'après le nombre des primautés obtenues pendant tout le cours de l'année, dans les compositions faites très régulièrement tous les quinze jours.

Les succès du jeune Chéruel, dus à un travail consciencieux et soutenu, furent constamment les mêmes ; en cinquième et en quatrième toujours des places de premier, des accessits et des prix. C'est pour l'en récompenser qu'à la rentrée de 1824, de « pensionnaire » qu'il était, il devint « élève communal ». Dès lors, au lieu de sa famille, la ville de Rouen se chargea de la pension de celui qui devait tant l'honorer un jour.

De nouveaux succès dans les classes de troisième et de seconde prouvèrent que cette faveur était bien placée, et, en rhétorique, en 1827, outre le premier prix de semestre et le prix d'excellence, avec la mention : « Neuf fois le premier », l'élève Chéruel remportait le prix d'honneur pour le discours latin, le premier prix pour le discours français, le second prix de version latine, le premier prix de vers latins, le second prix de version grecque, et même un sixième accessit de mathématiques préparatoires. Nommé dans toutes les facultés, son triomphe était donc complet, et sa supériorité dans la classe de rhétorique d'autant plus incontestable qu'alors la composition unique des prix faisait décerner les récompenses. Enfin, dans la classe de philosophie, en 1828, il obtint encore le prix d'honneur, en dissertation latine, et le second prix, en dissertation française.

Comme indice de son goût particulier pour l'histoire et la géographie, je ferai remarquer que, depuis la cinquième jusqu'à la seconde inclusivement, il remporta toujours l'un des deux prix accordés à ces deux parties de l'enseignement, qui ne figurent pas cette année-là en rhétorique, je ne sais pourquoi. Sans cela ce prix fût venu bien certainement s'ajouter à tous les autres.

D'après le témoignage de plusieurs de ses contemporains, parmi lesquels je comptais des parents et des amis, ses condisciples, l'élève Chéruel était un parfait modèle en tout, travail, tenue, conduite, discipline. Aussi ses professeurs n'auraient-ils pas hésité à répéter pour lui la note que leurs devanciers, les Jésuites, avaient mise sur leurs registres, à côté du nom d'un autre Rouennais, également brillant élève du Collège de Rouen, Bernard Le Bovier, le futur Fontenelle, dont ils ont dit : *Adolescens omnibus partibus absolutus et inter discipulos princeps.* Comme lui, l'élève Chéruel était « un élève accompli et tenait le premier rang parmi ses condisciples ».

N'eût-il pas été aussi bien doué, le baccalauréat n'aurait été qu'un jeu pour lui, en raison même de l'âge auquel il le passa, en 1828, dans sa dix-neuvième année. C'était alors à cet âge que se terminaient ordinairement les études classiques, et la fameuse dispense pour subir les épreuves du baccalauréat, à seize ans, était un phénomène inconnu. Les études n'en étaient que plus fortes et plus solides, puisqu'on les terminait, quand le jugement avait eu le temps de se former, au lieu de tout demander à la mémoire. Tant est vraie la remarque faite par l'un des plus habiles pédagogues de nos jours : « Il existe un lien entre l'âge et l'instruction ; car les connaissances, pour être sûrement acquises et pleinement possédées, ont besoin que l'esprit ait une consistance qui ne vient qu'avec les années. » (M. Bréal.) Il serait important que les familles et les élèves en fussent bien convaincus aujourd'hui.

A vrai dire, l'instruction du collège est la préface de la vie ; mais, quelque brillante qu'elle soit, elle n'en est que la préface ; il faut autre chose pour prendre place parmi les esprits distingués et se mettre en état de bien servir son pays dans une direction quelconque. M. Chéruel le comprit, et se tourna vers l'École normale pour entrer dans l'Instruction publique. Au sortir de ses études faites à Rouen, sans aucune autre préparation, à la suite d'un concours, il fut nommé, le 27 octobre 1828, élève de l'École normale, où il resta deux ans, s'y fit recevoir licencié ès-lettres, la première année, et agrégé, la seconde.

Il y avait eu, sous la Restauration, un mouvement fécond des esprits, si justement appelé par M. Amédée Thierry : « Une croisade généreuse qui fonda et popularisa chez nous la réforme historique. » M. Michelet avait été l'un des principaux champions de cette croisade, et quand M. Chéruel l'entendit comme maître de conférences, pendant son séjour à l'École normale, son influence fut décisive sur celui qu'un de ses camarades d'enfance, M. Ch. Bénard, définissait hier : « Un historien de vocation et un bénédictin de naissance. » Les leçons d'un pareil maître lui firent sceller immédiatement un pacte perpétuel avec l'histoire.

A cette époque l'enseignement historique tenait peu de place dans les collèges. Ce n'est qu'à partir de 1820 que les classes, de la quatrième à la rhétorique, eurent des professeurs d'histoire, auxquels on ne demandait pas de faire leurs preuves de capacité dans un concours spécial d'agrégation. Ce concours ne fut institué qu'au mois de novembre 1830. Voilà comment M. Chéruel, qui devait tant briller dans l'enseignement de l'histoire, n'était pas agrégé d'histoire. Il était agrégé des classes supérieures de lettres et fut reçu le 16 septembre 1830. C'est de lui-même qu'il choisit alors l'enseignement historique, pour obéir à une vocation bien arrêtée.

II.

Le 6 octobre 1830, il fut donc envoyé au Collège royal de Rouen, en qualité de professeur d'histoire, à titre provisoire, à l'âge de vingt et un ans et quelques mois. Il était le plus jeune de tous les professeurs du Collège, dont la majeure partie avait été ses maîtres, et, après une courte absence de deux ans, il retrouvait, dans les hautes classes, comme ses élèves, des internes qui l'avaient eu pour condisciple. De là une petite difficulté de position, dont le jeune professeur triompha facilement, grâce à son remarquable enseignement et grâce à l'autorité qui s'attachait déjà à sa personne.

Son enseignement historique était en grande partie celui qu'il avait reçu lui-même à l'École normale, c'est-à-dire la reproduction, plus ou moins développée, des leçons de M. Michelet, dont il avait été l'élève favori. Mais c'était le Michelet des premières années, qu'il complétait souvent par ses recherches personnelles et par son érudition variée. Il avait la bonne méthode, celle qui enseigne les grandes étapes de l'histoire, en y rattachant tel nom célèbre et retentissant qui fixe la mémoire, frappe l'imagination et souvent encore émeut le cœur. A l'histoire politique il avait bien soin de joindre l'histoire littéraire, habile à caractériser, par quelques traits saillants, l'esprit général des grands siècles littéraires, le mérite et la valeur des hommes et des œuvres, d'où ces siècles tirent toute leur gloire. Sur ce terrain, l'agrégé des lettres se retrouvait tout entier et d'une façon brillante.

Comme le fond de l'enseignement, les moyens de transmission étaient fort remarquables. Pendant trois quarts d'heure, la leçon était dictée d'une voix claire et nette, et puis une parole élégante et facile la complétait sur les points qui l'exigeaient. Quand la leçon, mise au net, avait été rapportée à la classe suivante, le professeur, pour obliger l'élève à l'étudier, le faisait venir au milieu de la classe, et là il devait reproduire cette leçon, de vive voix, en tout ou en partie. Excellente méthode qui forçait les élèves à parler, en les arrachant à ce mutisme obstiné, trop fréquent chez les jeunes Normands de nos lycées, quand on les interroge. M. Chéruel prouvait, par son exemple, la vérité de cette remarque d'un Ancien : *Non solum scire aliquid artis est, sed quædam ars etiam docendi* (Cicéron, *De Legibus*, II).

Oui, M. Chéruel non seulement possédait la science qui relève du domaine de l'art, mais il avait encore le talent de la transmettre, talent indispensable à quiconque se mêle d'instruction. Il savait, au suprême degré, rendre clair pour l'esprit des autres ce que son esprit avait vu clairement lui-même. Avec un tel professeur, des élèves, même fort médiocres ailleurs, ne l'étaient plus en histoire. Tous les examinateurs en furent toujours frappés. « On sentait, disait l'un d'eux, qu'un souffle puissant avait passé par là (1). »

Une vérité incontestable, c'est que l'enseignement littéraire est le plus apte à ouvrir et à diriger les jeunes esprits, et que l'histoire y tient une belle et large place. M. Chéruel en fournit une preuve nouvelle par son cours au Collège de

---

(1) M. Charma, mort doyen des Facultés des Lettres de Caen.

12

Rouen, qui, en peu de temps, y devint tout à fait prépon-
dérant, grâce à l'influence exercée sur les élèves.

Tout d'abord ses doctes leçons inspirèrent à ses élèves la
curiosité du passé, des vieilles pierres et des vieilles tradi-
tions, car c'était là une partie intégrante de la nouvelle
doctrine littéraire, le romantisme, qui était alors à son apo-
gée. Fort nombreux furent ceux de ses meilleurs élèves
qui firent, à son exemple, et quelquefois sous sa direction,
des excursions artistiques à Saint-Martin-de-Boscherville,
à Jumièges, à Saint-Wandrille, à Caudebec, à Tancarville,
partout enfin où se trouvaient, dans notre département,
de vieux monuments ou quelques vestiges du passé. Et
comme, suivant la remarque du maître, il n'est point de
ruines sans souvenirs, ses élèves s'attachaient à recueillir
ces souvenirs avec les légendes qui poussent sur l'histoire et
finissent par l'envahir complètement, aussi bien que le lierre
envahit les débris de ces vieux monuments qui ont donné
naissance aux légendes.

Une autre preuve non moins curieuse de cette grande influence de M. Chéruel sur la jeunesse du vieux Collège de
Rouen, fut la création d'une petite Société littéraire compo-
sée de ses élèves, et dont l'existence est à peu près inconnue
aujourd'hui, sauf de deux ou trois membres survivants.

Le 10 janvier 1833, paraissait en notre ville le premier
numéro de *la Revue de Rouen*, dont le but était la décen-
tralisation littéraire. Sous ce drapeau s'enrôlèrent bientôt
MM. Chéruel, Girardin, Pottier, Richard, Rouland, etc., qui
devinrent ensuite les directeurs de la *Revue*.

Ces Messieurs firent alors à leurs souscripteurs un nouvel
appel, où la jeunesse était directement visée. « Au nom même
de nos collaborateurs, disait l'un d'eux, nous nous adressons
aux jeunes gens qui se sentent une vocation littéraire; c'est

sur eux que se fondent les espérances de l'avenir; c'est pour eux aussi que nous travaillons. Qu'ils viennent à nous, et ils trouveront dans la *Revue* des sympathies pour leurs idées ardentes et progressives, des lumières pour leur inexpérience, des conseils pour leurs essais, une place pour leurs œuvres. » (*Revue de Rouen*, 1833, 2e semestre, p. 7.)

Cet appel fut entendu des élèves des hautes classes du Collège de Rouen, et M. Alfred Blanche, l'un de ces élèves, conçut l'idée, bientôt mise à exécution au début de l'année 1834, de fonder une petite Société littéraire qui reçut à sa naissance le nom de *Société des Émules*. Elle se composait de l'élite des élèves de philosophie et de rhétorique, et l'on descendit même jusqu'à la seconde en faveur de celui qui vous parle. Il y eut aussi un manifeste, intitulé : « Notre pensée », où le but de la jeune Société était formulé en ces termes : « Il nous a semblé qu'au lieu de perdre nos pas sur le pavé des rues, notre temps serait bien mieux employé à des études de littérature et d'histoire, surtout à ressusciter, autant que possible, le vieux Rouen, la Normandie d'autrefois. » C'était là un noble but, une bonne idée à laquelle tout le monde applaudit, en raison même de la jeunesse de ceux qui l'affichaient.

M. Chéruel, en vrai père de la jeune Société, lui prêta, pour ses réunions, le grand et beau salon de la maison paternelle, rue du Faubourg–Martainville. Il présida même la première réunion et dirigea l'inexpérience des membres pour la rédaction des statuts. C'est là qu'à partir du mois de février 1834 se rassemblaient le dimanche, entre messe et vêpres, les quinze ou vingt membres résidents, dont elle se composait.

L'imprimeur de la *Revue de Rouen*, l'excellent M. Nicétas Periaux, leur vint en aide pour l'impression. « La publicité, disait-il, était la première condition de l'existence de *la So-*

ciété des Emules; la *Revue* n'a voulu laisser à personne
l'honneur de remplir une aussi belle tâche, heureuse qu'elle
est d'appuyer ses principes de l'autorité d'une pratique large
et désintéressée.

« *Deux feuilles* d'impression seront ajoutées à chacun de
nos numéros SANS AUGMENTATION DE PRIX POUR LES SOUSCRIP-
TEURS, et consacrées à la publication des travaux de *la Société des Émules.* » (*Revue de Rouen*, année 1834, 1er semestre, p. 264).

En d'autres termes, l'imprimeur se contentait de prix fort
doux, et la concession fut d'autant plus goûtée que la cotisa-
tion, fort modeste d'ailleurs, était prise, le plus souvent, sur
les menus plaisirs des sociétaires, et que, sans cette gracieuse
aubaine, il leur eût été impossible de faire face aux frais
d'impression de la plus faible partie des travaux projetés
par eux.

Pendant les trois mois d'avril, de mai et de juin 1834, la
Société profita de l'hospitalité de la *Revue de Rouen*, et fit
une quinzaine de publications dont la première était de
M. Chéruel lui-même, sous ce titre : « Caractère de la littérature du XIIIe au XVIe siècle. » Les membres résidents pu-
blièrent quelques études sur l'histoire et sur la littérature ; il
y eut même des vers, trop de vers, de leur crû ou d'ailleurs.
Mais, en dehors de l'article du maître, le mérite de ces essais
répondait peu à la bonne volonté de leurs auteurs. A cela rien
d'étonnant ; car savoir, c'est connaître par les causes, et le
savoir était le fonds qui manquait le plus aux jeunes sociétaires.

Avec la rentrée d'octobre de cette même année, la *Société
des Émules* disparut, quand elle comptait à peine neuf mois
d'existence. Mais, malgré sa courte durée, elle n'en est pas
moins une preuve incontestable de la prodigieuse influence

que M. Chéruel exerçait sur ses élèves. Il serait difficile de
citer d'autres exemples d'une réunion littéraire dont les
membres étaient encore sur les bancs du collège. Pardonnez-
moi, Messieurs, de l'avoir tirée du tombeau, en faveur du
motif qui m'a suggéré sa résurrection d'un jour.

Mais une preuve bien autrement convaincante de cette
grande influence, c'est d'avoir inspiré à bon nombre de ses.
élèves le désir d'entrer dans l'enseignement, après leur avoir
donné, par ses leçons, les moyens d'y arriver. Il en fut ainsi
pour trois d'entre nous, qui étions en rhétorique, en 1835,
Jules-Bernard Leroy, Frédéric Baudry et moi-même. C'est
que, pendant cinq ans, nous avions eu le bonheur de l'avoir
pour professeur d'histoire, et de profiter des excellentes leçons
qu'il était seul alors à donner au Collège de Rouen. Le *sur-
menage*, nouveau nom d'une vieille chose, était évident ; mais
on n'en avait ni souci ni cure pour le professeur condamné à
faire, par semaine, huit classes d'histoire à de trop nombreux
élèves. Plusieurs années devaient s'écouler encore avant qu'on
songeât à alléger le fardeau du vaillant professeur.

La série des futurs professeurs, commencée par ces trois
élèves de la rhétorique de 1835, devait se continuer pendant
toute la durée de l'enseignement de M. Chéruel à Rouen. Il
peut encore réclamer comme siens MM. Pinchon, Bachelet,
Lebarbier, Ducoudré, Guibout, et bon nombre d'autres, dont
les noms m'échappent. Tous se firent recevoir agrégés et pro-
fessèrent dans les lycées (1), et tous ceux que je viens de

(1) En 1802, les établissements d'instruction secondaire entretenus
par l'Etat dans les chefs-lieux d'Académie reçurent le nom de *Lycées*,
emprunté à l'antiquité. La Restauration le remplaça par celui de *Collèges royaux*, conservé sous la Monarchie de juillet. Mais, depuis
1848, le nom de *Lycées* a été rendu à ces établissements, et l'on y joint,
aujourd'hui, celui de la ville où ils se trouvent, ou le nom d'un person-
nage remarquable. — De là les changements de noms dans la Notice.

nommer, sauf un seul, revinrent dans le lycée de Rouen, à
plus ou moins longue échéance.

III.

Quand, après sept ans d'absence passés à Louis-le-Grand,
une place de premier, disputée dans le concours d'agrégation
par les élèves de l'École normale, m'eut valu l'insigne faveur
d'être envoyé immédiatement au Collège de Rouen, en 1842,
j'eus encore le bonheur d'y retrouver M. Chéruel. Je devins
son collègue, mais il resta toujours mon maître. Il était alors
dans toute la maturité de son esprit et dans tout l'éclat de
son talent professionnel, tant est vraie la remarque d'un
autre serviteur distingué de l'Université : « La peine qu'on
se donne pour éclairer et pour féconder de jeunes esprits
n'est pas stérile pour le maître. » (M. Jules Simon.) C'était
alors un professeur accompli.

Pour le devenir, il s'était rigoureusement appliqué à lui-
même le principe qu'il devait me rappeler, plus tard, dans
l'une de ses lettres : « Un professeur, qui a de la jeunesse et
de l'avenir, ne doit pas s'en tenir à sa classe. » (Lettre du
15 octobre 1851.) C'est ainsi qu'il publia, dès la naissance de
la *Revue de Rouen,* de nombreux articles historiques ou littéraires, dont Rouen et la Normandie étaient l'objet, et qui
répandirent promptement sa renommée au delà des quatre
murs de sa classe.

Bientôt, cette renommée grandit par la publication de plusieurs livres. Son premier ouvrage a pour titre : *Histoire de
Rouen sous la domination anglaise au quinzième siècle*, en
1840. L'auteur a pris soin de donner les motifs de son choix

et d'indiquer sa méthode. « J'ai choisi, dit-il, l'époque de la domination anglaise à Rouen, parce que jamais l'héroïsme communal n'a brillé d'un plus vif éclat, et que la constitution intérieure de la ville nous est révélée au xve siècle, par des pièces nombreuses et authentiques. J'ai cherché à animer et à compléter ces documents par l'étude des chroniques contemporaines, en même temps que les titres des archives me servaient à rectifier le récit des historiens. » (Préface, p. iii.) Écrit de verve et avec une chaleur communicative, pendant les loisirs d'une seule vacance, cet ouvrage conquit rapidement la faveur du public, tant à Rouen qu'ailleurs.

Il en fut de même de son second ouvrage : *Histoire de Rouen pendant l'époque communale* (1150-1382), deux volumes qui virent le jour en 1844, après que la matière du premier volume eut paru dans la *Revue de Rouen*, de 1841 à 1843. Le service rendu par cet ouvrage a été bien mis en relief en ces termes : « L'histoire de Rouen n'a jamais été faite. Le savant studieux et persévérant qui avait seul la constance de chercher ses éléments épars dans les ouvrages de Farin, de Pommeraye, de Servin, d'Oursel, de Lecoq de Villeray et de quelques autres, ne trouvait dans ces compilations indigestes que des documents tronqués, entassés sans ordre et sans intelligence, en de vagues et insignifiantes indications. » (*Revue de Rouen*, 1844, 1er semestre, p. 242.) Il est certain que, si M. Chéruel avait pu traiter avec sa méthode toute l'histoire de Rouen, il eût fait oublier à jamais ses nombreux devanciers.

De plus, il ne tarda pas à remporter un autre succès sur un plus grand théâtre. Une section de l'Institut, l'Académie des Sciences morales et politiques, avait mis au concours, pour 1847, la question suivante : « Faire connaître la formation de l'administration monarchique depuis Philippe-

18

Auguste jusqu'à Louis XIV inclusivement. » Le prix fut
accordé à M. Cl. Dareste, et M. Chéruel obtint une médaille,
à la suite du rapport très favorable de M. Mignet, qui enga-
geait les deux lauréats à publier leurs savants mémoires.
M. Chéruel ne devait déférer à ce vœu que huit ans plus tard
en remaniant son travail qui forme deux volumes in-8, 1855.

Désireux de se rattacher à tous les travailleurs de Rouen
et de la Normandie, il devint, en 1834, membre résident de
l'Académie de Rouen ; membre titulaire non résident de la
Société des Antiquaires de Normandie le 17 juillet 1843; enfin
membre associé correspondant de l'Académie de Caen, le
23 novembre 1847. Mais c'est aux travaux de l'Académie de
Rouen qu'il prit une part plus active, comme on le verra par
la Bibliographie jointe à cette Notice.

Le mérite de M. Chéruel, vivant exemple du devoir professionnel noblement et simplement accompli, et bien connu de
ses chefs, ne l'empêcha pas d'attendre, pendant neuf ans, le
titre définitif de sa chaire d'histoire, qui lui fut enfin accordé,
le 20 septembre 1839.

Il lui fallut attendre six ans encore une distinction que
tout le monde lui souhaitait depuis longtemps. Il la dut à un
ministre de l'Instruction publique étranger à l'Université.

M. de Salvandy, lors de son second ministère (1er février
1845-24 février 1848), songea à faire donner, pour la fête du
roi Louis-Philippe, qui tombait le 1er mai, quelques décora-
tions aux professeurs de province, généralement tenus en
dehors des récompenses de cette nature. Personne ne se dou-
tait, parmi ces déshérités, des bienveillantes intentions du
ministre, et M. Chéruel moins encore que les autres.

Un dimanche matin, avec autant de plaisir que de sur-
prise, je lus dans le *Journal général de l'Instruction
publique :*

« Par arrêté du Ministre de l'Instruction publique, en date du 27 avril 1845,

« Chéruel (Pierre-Adolphe), professeur d'histoire au Collège de Rouen, est nommé chevalier de la Légion d'honneur. »

Heureux de cette bonne nouvelle, je courus la porter au principal intéressé ; mais il refusa d'y croire, et, pour l'en convaincre, il fallut lui mettre sous les yeux le *Journal général* que, par précaution, j'avais pris avec moi, sa modestie bien connue m'ayant fait pressentir son incrédulité.

Cette croix, si vaillamment gagnée, par quinze ans de bons services, sur le champ de bataille de l'enseignement, fut saluée d'un applaudissement unanime, de la part du public et de ses collègues, genre de ratification qui vint doubler le prix de la récompense officielle.

Enchanté de ces marques de l'estime publique, M. Chéruel songeait alors à fournir, à Rouen, toute sa carrière universitaire. Comme notre ville possédait, à cette époque, une académie universitaire, il aurait pu y trouver place, un jour ou l'autre, en qualité d'inspecteur ou même de recteur. Mais la révolution politique de février 1848 fut bientôt suivie, selon l'usage, d'une révolution scolaire. L'Académie de Rouen, établie par le décret du 17 mars 1808, fut supprimée par un simple arrêté du Ministre de l'Instruction publique, M. de Vaulabelle, en date du 7 septembre 1848, après avoir compté quarante ans d'existence et huit recteurs.

Cette mesure, bien imprévue, surprit notre ville et consterna M. Chéruel. Cinq jours après, voici en quels termes il m'annonçait les conséquences qu'elle pouvait avoir pour lui :

« Je savais, comme vous le pensiez, la merveilleuse invention de notre ministre, et elle pourra bien influer considérablement sur mon avenir.

« ..... Je ne quitterais Rouen qu'avec beaucoup de peine,

surtout en y laissant des amis comme vous. Mais tout avenir universitaire est fermé de ce côté, et il faudra, bon gré mal gré, chercher ailleurs. » (Lettre du 12 septembre 1848.)

A partir de ce moment, ses vues se tournèrent vers Paris, et, pour y occuper un poste plus élevé et plus digne de son talent, il songea aussitôt à conquérir le grade de docteur ès-lettres devant la Faculté de Paris. Ainsi avaient fait précédemment, en 1836, trois de ses collègues et amis, MM. Bach, Vacherot et Bénard, tous les trois professeurs de philosophie, qui devaient quitter Rouen, le premier, pour la chaire de philosophie dans la faculté de Besançon ; le deuxième, pour la direction de l'École normale supérieure, et le troisième, pour occuper, avec distinction, une chaire de philosophie dans l'un des lycées de Paris.

M. Chéruel se souvint alors qu'en 1845, au château de Pavilly, aux portes de Rouen, il avait vu, dans les curieuses archives de la famille d'Esneval, un recueil de documents intitulé : *Affaires d'Angleterre et d'Écosse.* Ce recueil venait de Charles de Prunelé, baron d'Esneval, qui fut ambassadeur de France en Écosse, de 1585 à 1586, et de son contenu il tira le sujet de sa thèse latine, où il cherchait à faire connaître, d'une manière exacte, le rôle de la France et de ses rois dans les affaires d'Écosse et dans celles de Marie Stuart, pendant sa captivité et son procès.

Il ne fut pas moins heureux pour le sujet de sa thèse française, qu'il trouva, à Rouen même, dans la Bibliothèque publique de notre ville. Le manuscrit autographe du *Journal d'Olivier Lefèvre d'Ormesson*, fonds Leber, le lui fournit et il le traita sous ce titre : *De l'Administration de Louis XIV* (1661-1672). Ce travail est circonscrit, mais, en réalité, il embrasse, dans son ensemble, l'histoire de cette administration puissante.

La soutenance des deux thèses fut des plus brillantes, sous la présidence de M. Victor Le Clerc, doyen de la Faculté des lettres de Paris. Celle de la thèse française ne dura pas moins de quatre heures, et le candidat fut reçu docteur ès-lettres, *à l'unanimité*. Après la réception, l'un des assesseurs, M. Saint-Marc Girardin, lui dit : « Demain, monsieur, j'aurai le plus grand plaisir, si vous le voulez bien, à m'entretenir avec vous et en apprendre davantage sur le siècle de Louis XIV, que vous venez de nous présenter sous un jour si nouveau (1). »

Dans le sujet de cette thèse française, M. Chéruel était déjà tout entier, et, à partir de ce jour, on peut dire qu'il avait trouvé sa voie. Elle lui valut encore sa nomination à la chaire d'histoire ancienne de l'École normale, en remplacement de M. Wallon.

Le 25 décembre 1849, à l'âge de quarante ans, M. Chéruel quitta le collège et la ville de Rouen, après y avoir professé l'histoire pendant dix-neuf années. Cependant, il aurait fallu bien peu de chose pour l'y retenir. Les confidences de l'amitié me permettent de l'affirmer. S'il y avait eu, à Rouen, dans nos cours municipaux, une chaire de lettres quelconque, dont le traitement fût venu s'ajouter à celui du lycée, fort modeste alors, M. Chéruel serait resté à Rouen et aurait mené à bonne fin l'histoire de Rouen, dont il avait déjà donné deux échantillons remarquables. C'eût été un bonheur pour nous, mais un malheur pour lui, en vue de son avenir.

(1) Je tiens ce détail de M. Th. Ducrocq, professeur à la Faculté de droit de Paris, qui assistait à la soutenance de la thèse.

IV.

Désormais, M. Chéruel, perdu pour Rouen et la Normandie, appartient tout entier à Paris et à la province, et il va continuer à faire deux parts de sa vie, l'une comme fonctionnaire pour arriver au temps légal de la retraite, l'autre comme historien, tantôt éditant des documents de la plus haute valeur, tantôt poursuivant ses études sur la France au XVIIe siècle, à l'époque la plus brillante de son histoire.

Ce n'est, Messieurs, ni le lieu, ni le jour d'entrer dans le détail de cette double direction donnée à sa vie. Il suffira de rappeler brièvement les postes occupés par le fonctionnaire, et les hautes récompenses accordées aux travaux de l'historien, pour montrer l'importance des uns et des autres.

Entré en 1850, en qualité de maître de conférences à l'école normale, il y resta jusqu'en 1858. En 1857, la suppléance de la chaire de géographie de M. Guigniaut, à la Faculté des lettres de Paris, lui est accordée. En 1858, il devient inspecteur de l'Académie de Paris, puis, en 1860, inspecteur général de l'Instruction publique. Le 14 août 1863, il est promu officier de la Légion d'honneur.

En 1865, comme il y a sept ans qu'il parcourt la France, il désire une position plus sédentaire, et, sur sa demande, il est nommé recteur de l'Académie de Strasbourg, le 23 janvier 1866, en même temps qu'il reçoit le titre d'inspecteur général honoraire. Le 20 juillet 1870, il m'écrivait de Strasbourg : « Nous vivons dans un temps et dans un pays où la vie tient à bien peu de chose : une bombe peut écraser l'Académie et le recteur. » L'Académie, oui, mais le recteur, Dieu merci, non ! Cependant, pour éviter ce malheur, lors du bombardement, il dut se réfugier, avec Mme Chéruel, dans l'appartement de M. Chardon, censeur alors du lycée de Strasbourg, et aujourd'hui proviseur du lycée Corneille. Quand je dis « l'appartement », c'est « la cave » qu'il faut entendre, parce que le lycée reçut sa part d'obus et de bombes, comme l'Académie elle-même.

Au commencement du mois d'août, il avait été nommé recteur de l'Académie de Poitiers ; mais, le blocus de Strasbourg ayant commencé le 11 août, il ne connut sa nomination que le 30 septembre 1870, deux jours après la reddition de Strasbourg.

Le plus tôt possible, le 3 octobre, il quitta cette malheureuse ville, « fuyant par la Suisse, dit-il, la seule porte ouverte aux victimes de la guerre, n'emportant avec moi qu'une malle, et laissant mon mobilier, mon linge et ma bibliothèque, en proie à l'ennemi..... C'est seulement en juin 1871, poursuit-il, que j'ai pu, à grands frais, faire transporter mon mobilier de Strasbourg à Poitiers. Il ne m'est pas arrivé tout entier ; ma bibliothèque entre autres y a souffert. Les Prussiens en avaient enlevé les volumes qu'ils jugeaient les plus précieux, et entre autres les *Fastes de Rouen*, de Grisel. » (Lettre du 30 décembre 1878.) C'est ainsi que s'affirmait la supériorité de la savante Allemagne et de la race germanique sur toutes les races européennes, par le vol des livres du dernier recteur français de l'Académie universitaire, et par l'incendie de la bibliothèque de Strasbourg !

M. Chéruel resta recteur de l'Académie de Poitiers, du mois d'octobre 1870 au 22 octobre 1874. Devançant de cinq années la date officielle de la mise à la retraite pour les recteurs, il quitta Poitiers avec le titre de recteur honoraire.

A partir de sa retraite, le calme de sa vie et la sérénité de son esprit lui permirent de faire ses recherches en toute liberté et de les mettre en œuvre par un travail incessant, qui dura jusqu'à sa mort. C'est de lui qu'on peut redire en toute vérité : *Nulla dies sine linea.* Aussi les travaux de M. Chéruel sont ceux d'un vrai bénédictin, par le nombre et par la valeur. En soixante ans, il a publié, dans les Revues et autres Recueils, plus d'une cinquantaine d'articles sur divers sujets ; une douzaine d'ouvrages qui ne forment pas moins de vingt-quatre volumes ; enfin, il a édité trente-quatre autres volumes pour des chroniques, des mémoires et la correspondance de Mazarin, dont cinq volumes sont restés manuscrits et prêts à être livrés à l'impression et ajoutés aux six qu'il a donnés lui-même (1). En tout cinquante-huit volumes.

Il est impossible de juger ici, même sommairement, l'ensemble de travaux aussi nombreux (2) ; mieux vaut se taire que d'effleurer un pareil sujet. C'est le parti que je prendrai, non sans avoir fait remarquer que, pour les avoir produits, il a fallu savoir ordonner sagement sa vie, en bien utiliser tous les instants. Combien a-t-il fallu de temps, je ne dis pas pour les composer et pour les publier, mais seulement pour en faire la copie, dans cette belle écriture, si ferme et si nette, qui était la sienne !

Comme preuve de la valeur de ces travaux, et comme confirmation de la faveur publique, je me bornerai à citer les grandes récompenses accordées à ses deux derniers ouvrages. En juin 1880, l'Académie française décernait à M. Chéruel le premier prix Gobert, de 10.000 francs, pour son *Histoire de France pendant la minorité de Louis XIV.* En juin 1881, le même prix lui fut décerné, une deuxième fois, puis une troisième, en 1882, pour le premier volume de l'*Histoire de*

(1) Voir Appendice I.
(2) Voir la *Bibliographie des travaux de M. Chéruel*, à la fin de la Notice.

France sous le ministère de Mazarin. Enfin, quand le travail fut complété par les deux autres volumes, en 1882, le
grand prix Gobert lui est accordé, en 1883, pour la quatrième
fois. Cette continuité dans le triomphe est sans précédent à
l'Académie française, car M. Augustin Thierry lui-même
n'avait obtenu que trois fois cette distinction hors ligne.

Depuis longtemps l'Académie des sciences morales et
politiques désirait l'admettre dans son sein, mais la mort n'y
faisait aucun vide parmi les historiens. Quand vint le décès
de M. Henri Martin, les amis de M. Chéruel l'engagèrent à
se mettre sur les rangs pour le remplacer, jugeant le moment
favorable, après les grands succès de ses deux derniers
ouvrages. Il le fit et fut nommé à une forte majorité.

« J'ai eu, me dit-il, vingt-sept voix sur trente-six votants,
voilà les chiffres exacts. J'étais loin de compter sur une
pareille majorité ; mais mes amis ont travaillé pour moi
avec une ardeur dont je leur suis très reconnaissant. » (Lettre
du 4 mars 1884).

M. Chéruel fut très heureux de ce titre de membre de
l'Institut, et il semble qu'il ne se crut absolument consacré
comme historien, qu'après avoir acquis le droit d'ajouter à
son nom : « Membre de l'Institut, » tant était grande chez lui
la qualité qu'on dit être la compagne du vrai mérite.

Il en existe encore une autre preuve bien remarquable,
tirée aussi de sa correspondance. En avril 1888, après un
refroidissement qui l'avait confiné dans sa chambre pendant
plusieurs semaines, voici comment il se jugeait lui-même, à
la suite d'une profession de foi toute spiritualiste et religieuse : « Né avec des moyens médiocres, d'un travail lent
et pénible au début, à mon entrée au lycée, en 1819, je n'ai
eu qu'une qualité, l'amour de l'étude et la persévérance
dans cet amour ; il m'a conduit aux succès de lycée, à l'École

normale, au professorat et au delà de ce que je pouvais ambitionner. » (Lettre du 13 avril 1888).

Vous reconnaîtrez avec moi, Messieurs, que c'est là un jugement fort incomplet, puisque les qualités de l'esprit y sont complètement passées sous silence, et qu'il ne pouvait parler lui-même du feu sacré qui l'animait. Non, l'amour du travail seul n'aurait pas suffi à M. Chéruel pour écrire l'histoire en véritable historien et marquer sa place auprès des Guizot, des Augustin et des Amédée Thierry, des Michelet, des Mignet, des Henri Martin, etc. Il lui fallait avant tout le bon et judicieux esprit, qui ne se laisse éblouir à aucun instant et ne s'écarte jamais des méthodes sévères. C'est par là qu'il a pris rang parmi les grands historiens de la France, et le caractère de la province où il est né n'y est peut-être pas étranger.

V.

Comme il était dans le vrai, le poète latin proclamant l'irrésistible attrait du sol natal sur tous les cœurs !

> *Nescio qua natale solum dulcedine captos*
> *Ducit, et immemores non sinit esse sui.*

(OVIDE, *Pontiques*, l. Ier, épitre 3).

A toutes les époques de sa vie, M. Chéruel en subit le charme. C'est ce charme qui lui fit choisir, après son agrégation en 1830, le collège de Rouen pour y enseigner l'histoire aux jeunes Normands ; c'est lui encore qui l'y retint, pendant les dix-neuf ans au bout desquels il ne se sépara de

Rouen qu'avec de profonds regrets et pour les motifs les plus légitimes.

Mais loin de sa ville natale, du jour qu'il l'eut quittée, il ne cessa d'y penser, de s'intéresser à tout ce qui pouvait y survenir, d'heureux ou de malheureux. Les souvenirs de ce genre, que renferment les deux cent soixante-quinze lettres reçues de mon ami, depuis son départ de Rouen, y sont aussi nombreux que ses exhortations au travail. Je m'en tiendrai aux plus significatifs d'entre eux, où le Lycée et notre Société occupent une belle place avec Rouen lui-même.

Lorsqu'il fut question, en 1865, de racheter le donjon du château de Philippe-Auguste, il écrit, à ce propos : « Je prends un véritable intérêt, comme Rouennais, à tout ce qui sera fait en l'honneur de Jeanne d'Arc. Je n'ai pas attendu, pour me déclarer, le mouvement actuel, puisqu'en 1845 j'écrivais dans la *Revue de Rouen* pour engager les Rouennais à élever à Jeanne d'Arc un monument plus en harmonie avec son rôle que celui qui existe à Rouen. Je m'efforçais en même temps de prouver que la conduite des Rouennais, dans toute cette affaire, avait été irréprochable (1). » (Lettre du 20 décembre 1865).

En 1866, le voici installé à Strasbourg, dont il a demandé le rectorat, à cause de certaines circonstances de famille, Mme Chéruel étant Alsacienne, et il semble que l'éloignement ait ajouté à son affection naturelle pour sa ville natale. « J'espère que le lycée, dit-il, est en bon état et qu'il prospère sous le nouveau proviseur... Je serai bien aise d'être renseigné sur tous ces points, car c'est toujours avec plaisir que je me tiens au courant de ce qui concerne la bonne ville de Rouen. » (Lettre du 1er mai 1866).

(1) Voir, dans la *Revue de Rouen*, année 1845, 1er semestre, pages 354-370, « Histoire — Jeanne d'Arc à Rouen ».

Il aime tant sa province natale qu'il termine, dans une autre lettre, un brillant tableau des grands écrivains de la France, de 1643 à 1661, par cette flatteuse remarque à son adresse : « La Normandie a donné, pendant cette époque, à la France, beaucoup d'hommes distingués ou utiles, les Grémonville, les Lanquetot, les Mézeray, les Huet, les Segrais. Je ne parle pas des illustres comme Corneille et Poussin. On n'épuise pas facilement un pareil sujet. C'est à peine si on peut l'effleurer. » (Lettre du 2 avril 1869). Tout le morceau, dont je détache ce passage, ne pouvait avoir été écrit que par un historien doublé d'un littérateur, grand ami de la Normandie.

Les maux de l'année terrible durent depuis deux mois, et le premier souci de M. Chéruel, à peine rendu dans sa nouvelle Académie de Poitiers, après avoir subi, pendant plus d'un mois, l'affreux bombardement de Strasbourg, est de faire des vœux pour sa ville natale. A la date du 26 octobre 1870, voici ce qu'il écrivait : « J'espère que ma lettre pourra encore vous arriver, quoique l'ennemi soit bien près de vous, et je fais des vœux sincères et ardents pour ma bonne et vieille ville de Rouen..... Adieu, mon cher ami ; je termine comme j'ai commencé par des vœux pour le salut de notre chère et bonne ville de Rouen et pour la France entière. Tout est entre les mains de Dieu ; espérons qu'il aura pitié de notre pays, et que cette dure leçon nous servira. » Vous savez tous, Messieurs, comment, hélas ! ces vœux touchants ne furent pas exaucés.

J'arrive à un autre objet non moins constant de la sollicitude et de l'affection de M. Chéruel, notre Société de l'histoire de Normandie.

A son berceau, en janvier 1869, nous le comptons parmi nos premiers adhérents, et, lors de l'installation de notre

Société, le 1er juillet de la même année, il s'excuse, en même temps que M. Guizot, de ne pouvoir y assister, retenu qu'il est à Poitiers par ses devoirs de recteur, plus nombreux à la fin de l'année scolaire. Sa lettre est conçue dans les termes les plus sympathiques.

En 1872, vous le prenez pour votre Président d'honneur, lors de votre séance solennelle, comme vous l'aviez fait, l'année précédente, pour M. Guizot. C'est dans les termes les plus aimables qu'il décline cet honneur, à cause de sa santé devenue chancelante.

Depuis lors il ne cessa de s'intéresser à notre Société, en approuvant ses travaux, ou par des propositions d'ouvrages, ou par le zèle déployé pour assurer nos subventions ministérielles.

« J'applaudis fort, pour ma part, disait-il, à tous ces travaux qui ont pour but de réveiller le souvenir des vieilles gloires rouennaises. » (Lettre du 25 mars 1881). Un peu plus tard, en annonçant qu'au Ministère des Affaires étrangères la chronique de Neufchâtel-en-Bray, par Miton, lui est tombée sous la main, il ajoute : « Je voudrais vous prouver que je n'oublie pas entièrement la Normandie, et que, si je ne peux m'occuper activement de vos travaux historiques, je ne néglige pas les indications que je peux vous fournir. » (Lettre du 5 juillet 1881).

Enfin, Messieurs, vous savez que nos demandes de subvention adressées, chaque année, au Ministre de l'Instruction publique, et renvoyées au Comité des travaux historiques, avaient toujours M. Chéruel pour rapporteur. C'est dans les termes les plus chaleureux qu'il rédigeait ce rapport, en fidèle interprète des sentiments de bienveillance de ses collègues et de son dévouement personnel à notre œuvre.

VI.

S'il est vrai, Messieurs, que la mort commence pour qui perd un ami, combien est-il plus vrai encore que la mort est arrivée pour l'octogénaire qui perd la compagne de sa vie, après un demi-siècle de bonheur dû à l'union la plus parfaite! Ses amis ne s'y trompèrent pas, et leurs sinistres pressentiments ne tardèrent pas à se réaliser. La mort de Mme Chéruel est du 14 février 1891, et, dix semaines après, M. Chéruel succombait à son tour.

Depuis « le coup terrible qui vient de le frapper, » comme il le dit lui-même, le lendemain de cette mort; depuis « ce terrible malheur qui a bouleversé son intérieur », ajoute-t-il, quelques jours après, ces dix semaines ne furent plus qu'une longue agonie. Pour en écarter l'amertume, il avait d'abord une grande foi religieuse, par un sincère retour aux sentiments de piété de son enfance et de sa jeunesse, qu'il devait à M. l'abbé Lemaître, aumônier du collège de Rouen, à cette époque. Il avait aussi les soins touchants et dévoués de son entourage : « Heureusement, dit-il, j'ai près de moi M. Dethan, qui me rend bien des services. » (Lettre du 21 février 1891).

M. Georges Dethan, petit-fils de Mme Chéruel, était devenu le sien, par l'une de ces parentés de cœur non moins dévouées que les parentés du sang. Tendrement aimé de M. et de Mme Chéruel, son mariage, en 1887, « avec une personne d'une bonne famille et d'un esprit distingué, » comme l'écrivait son grand-père (Lettre du 25 mars 1887), avait été l'une des dernières grandes joies de son existence, et les soins affectueux des jeunes époux leur furent prodigués jusqu'au tombeau. C'est entre les bras de M. Dethan que M. Chéruel s'éteignit doucement, le 1er mai 1891.

A peine avait-il fermé les yeux que la presse de Paris et celle de sa ville natale lui consacrèrent des articles nécrologiques, où justice était rendue aux mérites de l'homme et aux travaux de l'historien (1). C'est en grande pompe que ses funérailles furent célébrées, le 5 mai, à Saint-Sulpice, par les soins pieux de son petit-fils. M. Liard, directeur de l'enseignement supérieur, y représentait le Ministre de l'Instruction publique. Le bureau de la section de l'Institut, à laquelle appartenait le défunt, y assistait, avec son président, M. Aucoc, à sa tête, et beaucoup de ses confrères, que l'on vit rarement en si grand nombre à d'autres funérailles. En leur nom, M. Aucoc a fait un juste éloge de la vie et des travaux de M. Chéruel, en face de son cercueil.

Là aussi, au milieu d'un nombreux cortège, se trouvaient réunis, M. Bénard, son camarade d'enfance, son collègue et son plus vieil ami ; MM. Léopold Delisle, Jules Simon, Wallon, et Vacherot, ses collègues et ses amis dévoués ; M. Templier, de la maison Hachette, qui a édité les plus importants des travaux de M. Chéruel ; enfin plusieurs anciens élèves, devenus aussi des amis, MM. Alfred Blanche, Cabanon, Legrelle, avec celui qui vous parle, tous membres de la Société de l'Histoire de Normandie. Ils répondaient ainsi à votre pensée, sans la connaître, vous qui aviez décidé, le 4 mai, la veille de ces funérailles, qu'une Notice serait faite, en votre nom, pour rendre hommage à la mémoire du sociétaire éminent que vous aviez perdu.

C'était là, Messieurs, permettez-moi de vous le dire, un acte de justice, dont la reconnaissance, autant que le patrio-

---

(1) Le *Journal de Rouen*, le *Nouvelliste de Rouen* et le *Patriote de Normandie*, qui rendirent compte aussi des funérailles.

tisme, vous faisait un devoir. Grâces vous soient rendues de l'avoir compris ! Le professeur qui éclaira, avec le flambeau de l'histoire, la grande route où tant de générations ont passé, a bien mérité de ses élèves, soit au Collège de Rouen, soit à l'École normale(1). L'historien, toujours épris de l'amour du vrai, et rétablissant la vérité de l'histoire sur tant de points qui touchent à l'honneur et à la gloire de la France, a bien mérité encore du pays tout entier. Enfin le concitoyen qui n'a cessé d'être dévoué à la ville de Rouen et de s'intéresser à tout ce qui s'y rattache, a bien mérité pareillement de la cité (2). A tous ces titres, vous avez donc fait acte de justice, quand vous avez décidé que sa mémoire serait évoquée devant vous, dans l'Assemblée générale de ce jour.

Pardonnez-moi, Messieurs, de l'avoir fait si longuement. Mais j'ai cru que notre Société, qui n'obéissait pas à un usage banal, aurait été peu satisfaite de quelques éloges commandés par une sorte de courtoisie indifférente. Voilà pourquoi je me suis étendu sur le nombre et sur la grandeur des services rendus par M. Chéruel à la science, à l'enseignement public, à son pays, heureux de penser que la renommée de l'éminent professeur et du savant historien vient accroître le patrimoine de gloire de la province et de la ville qui l'a vu naître.

(1) Voir Appendice II.
(2) Dans la séance du Conseil municipal de Rouen, le 26 juin 1891, « sur un rapport de M. Guernet, le Conseil vote un crédit pour l'installation d'une plaque commémorative sur la maison (rue du Faubourg-Martainville) où est né M. Adolphe Chéruel, l'éminent historien, membre de l'Institut, récemment décédé. Son nom sera donné à une rue de la ville. » Journal de Rouen, 27 juin 1891.

BIBLIOGRAPHIE

DES TRAVAUX DE M. A. CHÉRUEL

de 1833 à 1890.

I.

Articles détachés sur l'Histoire et la Littérature, dans des Revues et autres Recueils.

REVUE DE ROUEN. — Nicétas Périaux, éditeur, Rouen.

Année 1833 (2e semestre.)

— Progrès de l'Histoire au XIXe siècle, pp. 153-167.

Année 1834 (2e semestre.)

— Corneille, pp. 277-283. Signé P.-A. (Pierre-Adolphe.)
En tête des publications de la Société des Émules :
— Caractère de la Littérature, du XIIIe au XVIe siècle, pp. 3-11.

Année 1835 (1er semestre.)

— Histoire. Moyen-Age, pp. 65-85.

(2e semestre.)

— Du Merveilleux dans l'Histoire, pp. 57-69.
— Le Rhin, P.-A. (Pierre-Adolphe), pp. 185-202.
— Études sur Goethe, par M. X. Marmier, *Faust*, pp. 258-281.

Année 1836 (1er semestre.)

— Des Histoires provinciales, pp. 225-248.

34

(2e semestre.)

— Biographie normande. Saint-Ouen, premier article, pp. 251-264.

Année 1837 (1er semestre.)

— Saint-Ouen, suite et fin, pp. 21-36.

(2e semestre.)

— Histoire de France, par M. Michelet, considérée principalement dans son rapport avec la Normandie, pp. 177-187.

Année 1838 (1er semestre.)

— Commerce de Rouen au Moyen-Age; commerce maritime jusqu'au xive siècle, pp. 181-192.

(2e semestre.)

— Biographie normande, Saint-Evremond, pp. 136-148. P.-A. (Pierre-Adolphe).

— Revue rétrospective normande, pp. 311-316. Préambule de cette publication à la suite de l'année 1838 de la *Revue de Rouen*.

— Pièces relatives à l'occupation de Rouen par les Anglais au xve siècle, pp. 1-175.

Année 1839 (1er semestre.)

— Revue rétrospective normande. Publication de pièces relatives à l'occupation de Rouen par les Anglais au xvie siècle, p. 46. Une simple annonce.

— Les Normands d'Italie à la première Croisade, pp. 113-124, et pp. 169-181 (traduit de l'allemand).

— Archéologie. La Tour-Bigot, pp. 204-208 (Non signé). Mais attribué par le *Manuel du Bibliographe normand* de M. Frère.

(2e semestre.)

— Fragment d'une Histoire de la conquête de l'Italie méridionale par les Normands, pp. 77–87 (Non signé.)

Année 1840 (1er semestre.)

— Bibliographie. Histoire de France, par M. Michelet. — Tome IV, renfermant le règne de Charles VI, pp. 216-222.

(2e semestre.)

— Les Normands en Sicile, xiie siècle, pp. 98-104, et 129-135.

— Rouen sous la domination féodale, 1090-1095, pp. 266-272.

Année 1841 (1er semestre.)

— Histoire. — Origine de la commune de Rouen, pp. 65-77 ; pp. 193-205 ; pp. 321-332.

(2e semestre.)

— Suite, pp. 5-18 ; pp. 205-217.

Année 1842 (1er semestre.)

— Suite, pp. 5-15 ; pp. 176-186 ; pp. 361-372.

(2e semestre.)

— Suite, pp. 65-75 ; pp. 193-209 ; pp. 321-342.

Année 1843 (1er semestre.)

— Suite, pp. 129-137.

(2e semestre.)

— Fragments d'une histoire de la Commune de Rouen, pp. 289-297.

Année 1844 (1er semestre.)

— Histoire. Commune de Rouen. La Harelle, pp. 77-83.

— Histoire de France, par M. Michelet, tome VI ; Louis XI et Charles le Téméraire, pp. 240-242.

Année 1845 (1er semestre.)

— Château d'Esneval, près de Pavilly, pp. 19-27.

— La Normandie romanesque et merveilleuse, par Mlle Amélie Bosquet, pp. 108-115.

— Les Normands illustres. Portraits des personnages célèbres de la Normandie, accompagnés de Notices biographiques, par L.-H. Baratte, pp. 241-242.

— Histoire. Jeanne d'Arc à Rouen, pp. 354-370.

(2e semestre.)

— Excursion en Normandie. Trouville, pp. 137-142. (Non signé).

Année 1847.

NOTA : *La division par semestres n'a plus lieu pour la pagination.*

— Histoire littéraire. Lettre inédite de Saint-Amant, pp. 111-115.

— Histoire. Le dernier Duché de Normandie (1465-1466), pp. 529-540.

Année 1850.

— Histoire de Normandie. Siège de Rouen en 1562, pp. 169-179.

La suite de cet article, annoncée dans la *Revue*, n'a pas été donnée.

PRÉCIS ANALYTIQUE DES TRAVAUX DE L'ACADÉMIE DE ROUEN.

Année 1842.

Rapport fait par M. Chéruel, secrétaire perpétuel de la classe des Belles-Lettres et Arts, pp. 259-270.

Année 1846.

— Rapport sur le prix Gossier, pp. 171-179 (L'Histoire du commerce maritime de Rouen, par M. Ernest de Fréville, qui remporta le prix).

Année 1847.

— Nicolas Bretel de Grémonville, ambassadeur de France à Rome et à Venise, 1644-1648, pp. 284-299.

— De l'Administration monarchique en France, pp. 363-370.

Année 1848.

— De l'Instruction publique à Rouen, pendant le Moyen-Age, pp. 184-208.

— Notice biographique sur Charles Botta (recteur de l'Académie universitaire de Rouen), pp. 245-260.

Année 1849.

— De l'Instruction publique à Rouen, depuis la fin du Moyen-Age jusqu'à l'établissement définitif des jésuites, pp. 249-271.

Nota : *Le plus grand nombre des Articles donnés à la* Revue de Rouen *et au* Précis de l'Académie de Rouen *ont été tirés en brochures.*

REVUE DE LA NORMANDIE. — Rouen, Imprimerie de E. Cagniard.

Année 1869.

— Mazarin à Rouen (février 1650), pp. 209-217.

— Mazarin à Rouen (février 1650), suite et fin, pp. 273-281.

Année 1870.

— Étude sur un Manuscrit de la Bibliothèque de Rouen, pp. 185-194.

Il est intitulé : *Campagnes du duc d'Enghien en 1643 et 1644,* et l'auteur est La Moussaye.

— Suite de cet article, pp. 249-261.

— Bibliographie.

Les Fastes de Rouen, d'Hercule Grisel, édités par M. Bouquet pour la Société des Bibliophiles normands, pp. 492–493.

REVUE DES SOCIÉTÉS SAVANTES DES DÉPARTEMENTS.

Année 1858 (1er semestre.)

— Études sur l'histoire des Provinces. — Lutte commerciale entre Paris et Rouen pendant les xiie, xiiie, xive et xve siècles, par A. Chéruel, tome IV, pp. 169-183.

(2e semestre.)

— Biographie provinciale. — Alain Blanchart, t. V, pp. 183-193, et pp. 312-324.

Ces deux articles, signés BOUQUET, ne sont pas de moi, mais bien de M. Chéruel, auquel je n'avais fourni que quelques renseignements très secondaires. C'est par excès de bienveillance qu'ils portent mon nom.

Année 1859 (1er semestre.)

— Comptes rendus des Séances de la Section d'Histoire et de Philologie, du Comité des travaux historiques, pp. 1, 145, 281, 409, 553, 697.

(2e semestre.)

— Compte rendu d'une Séance du Comité, pp. 257-260.

— Notice sur le Tombeau de Childéric Ier, par M. l'abbé Cochet, pp. 466-467.

Année 1860 (1er semestre.)

— Comptes rendus des Séances du Comité, pp. 5, 145, 273, 413, 541, 681.

— De l'État des villes de la Gaule après la conquête romaine et spécialement sous le règne d'Auguste, pp. 72-82. « La suite à un prochain numéro », annoncée, ne figuré pas dans ce volume.

— Notice sur le *Manuel du Bibliographe normand*, publié
par M. Ed. Frère, pp. 115-116.

(2e semestre.)

— Henri Groulart, seigneur de la Court. Sa correspondance
relative aux négociations qui ont préparé la paix de Westphalie, pp. 451-466, et 579-596.

Année 1861 (1er semestre.)

— Comptes rendus des Séances du Comité, p. 1, 139, 265,
391, 520, 678.
— Notice sur M. J.-F. Laferrière, membre de l'Institut,
pp. 268-272.

(2e semestre.)

— Comptes rendus des Séances, etc., pp. 61, 142, 146.
— Compte rendu des Séances extraordinaires tenues par
la Section d'histoire et de philologie, à l'occasion de la solennité du 25 novembre 1861, pp. 399-419.

Année 1862 (1er semestre.)

— Comptes rendus des Séances de la Section d'histoire et
de philologie, pp. 1, 90, 181, 245, 250, 406.

(2e semestre.)

— Comptes rendus des Séances, etc., pp. 1, 131, 241, 353.
— Des anciennes institutions provinciales, et spécialement
des Grands Jours, pp. 301-313.
— Commissaires envoyés dans les provinces. — Renseignements que fournissent leurs lettres pour l'histoire provinciale. — Origine des troubles de la Fronde à Bordeaux,
d'après le récit d'un de ces commissaires, pp. 601-617.

Année 1863 (1er semestre.)

Comptes rendus des Séances, etc., pp. 3, 104, 193, 289,
385.

— Séances extraordinaires du Comité impérial des **Travaux
historiques des Sociétés Savantes**, tenues à la Sorbonne les 8,
9, 10 et 11 avril 1863. — Section d'histoire et de philologie,
pp. 593-618.

(2e semestre.)

— Comptes rendus des Séances de la Section d'histoire et
de philologie du Comité, pp. 2, 12, 105, 206, 305, 310.

Année 1864 (2e semestre.) (1)

— Comptes rendus des Séances de la Section d'histoire. et
de philologie du Comité, pp. 3, 9, 113, 180.

Année 1865 (1er semestre.)

— Comptes rendus, etc., pp. 8, 16, 121, 128, 134.

(2e semestre.)

— Comptes rendus, etc., pp. 4, 10, 89, 189, 198, 369.
— Rapports sur le *Bulletin de la Société littéraire de
Strasbourg*, pp. 29, 425.

Année 1866 (1er semestre.)

— Comptes rendus, etc., pp. 1, 12, 109.

(2e semestre.)

— Rapport sur le *Bulletin de la Société littéraire de
Strasbourg*, p. 28.

Année 1876 (1er semestre.)

— Rapport sur les travaux de l'Académie des Belles-Lettres
et Arts de Rouen, pp. 58-59.

Année 1882 (2e semestre.)

— Lettre de la princesse palatine à Mazarin (14 septembre
1652), pp. 434-439 (2).

(1) Je n'ai pu consulter le 1er semestre, qui manque à la Bibliothèque publique de Rouen.

(2) Les recherches se sont arrêtées à cette année, la dernière qui figure
dans la collection de la Bibliothèque publique de Rouen.

Dans les MÉMOIRES DE LA SOCIÉTÉ DE L'OUEST se trouve :
Une notice sur *Un soulèvement en Poitou, Aunis, Sain-
tonge, Angoumois*, par M. Chéruel, recteur de l'Académie
de Poitiers, tome XXXV, années 1870-1871.

REVUE HISTORIQUE 1876. — Saint-Simon et l'abbé Dubois.
Leurs relations de 1718 à 1722, d'après les mémoires de
Saint-Simon et les Correspondances du temps.
Premier semestre, pages 140-153.

REVUE HISTORIQUE 1877 mai-août. — Les Carnets de Mazarin pendant la Fronde (septembre-octobre 1648), p. 133-138.

Notice sur la Vie et sur les Mémoires du duc de Saint-
Simon, 1876.

Notice sur les mémoires inédits du maréchal d'Estrées, par
A. Chéruel, maître de conférences à l'École normale supérieure. Paris, février 1853. Paul Dupont, une brochure in-8
de 24 pages.

Notice biographique sur Henri Groulart, seigneur de la
Court. Sa correspondance relative aux négociations qui ont
préparé la paix de Westphalie, brochure in-8, 1861. Paul
Dupont.

Société des Antiquaires de Normandie. Séance publique du
6 décembre 1865. Discours d'ouverture prononcé par M. Chéruel, inspecteur général des Études, directeur. — Caen, F.
Le Blanc-Hardel, imprimeur-libraire, 1866. Une brochure
in-8, 21 pages.

L'ancienne Université et l'Académie moderne de Strasbourg. — Discours prononcé à la rentrée des Facultés de
l'Académie de Strasbourg, le 15 novembre 1866. — Strasbourg, typographie d'Edouard Huder, 1866. Brochure de
23 pages in-8.

Étude sur la valeur historique des Mémoires de Louis XIV,

par A. Chéruel, membre de l'Institut. Paris, A. Picard,
éditeur, 1886. Une brochure in-8, 25 pages.

(Extrait du compte rendu de l'Académie des Sciences morales et politiques),

Institut de France. — Académie des Sciences morales et
politiques. Ligue ou Alliance du Rhin, par M. Chéruel. Mémoire lu dans les séances des 9, 16 et 23 août 1884. — Paris,
typographie de Firmin Didot, MDCCCLXXXVIII. — (Extrait des
Mémoires de cette Académie). Une brochure in-4, 36 pages.

Ce n'est pas tout encore. Dans un article nécrologique, sous
la signature des initiales R. K., on lit que M. Chéruel, « re-
prenant en sous-main certains détails des *Lettres de Mazarin,* a donné de courtes et substantielles notices à la *Revue
bleue* et à la *Revue d'histoire diplomatique.* » (*Journal des
Débats,* 3 mai 1891).

II.

Ouvrages historiques.

Histoire de Rouen sous la domination anglaise au quinzième siècle, suivie de pièces justificatives publiées pour la
première fois d'après les manuscrits des Archives municipales
de Rouen, par A. Chéruel, ancien élève de l'École normale,
professeur d'histoire au collège royal de Rouen. Rouen,
1840, E. Legrand, libraire-éditeur, Nicétas Périaux, impr.,
1 vol. in-8 de IV et 227 pp., et iii et 184 pp. pour les pièces
justificatives.

Histoire de Rouen pendant l'époque communale 1150-1382,
suivie de pièces justificatives publiées pour la première fois
d'après les Archives départementales et municipales de cette

ville, par A. Chéruel, élève de l'Ecole normale, professeur
d'histoire au collége royal de Rouen, membre de la Société
des Antiquaires de Normandie. Rouen, Nicétas Périaux, éditeur, 1844, et A. Péron, imprimeur, 2 vol. in-8 de cxviii et
378 pp., et 364 pp.

De l'administration de Louis XIV (1661-1672), d'après les
Mémoires inédits d'Olivier d'Ormesson, par A. Chéruel, ancien élève de l'École normale, professeur d'histoire au Lycée
de Rouen. Paris, Joubert, 1850, in-8 de 233 pp. D. Brière,
impr. Rouen. Thèse pour le Doctorat.

De Maria Stuarta. Utrum Henricus III cam in suis pericu-
lis tutatus fuerit, an omni ope destitutam Anglis prodiderit,
conscripsit P. Ad. Chéruel, Historiæ professor, olim Scolæ
Normalis alumnus. Rotomagi excudebat A. Péron, in via dicta
Vice comitatus, mdcccxlix, in-8 de 71 pp. et 46 pour les pièces
justificatives. Thèse pour le Doctorat.

Histoire de l'Administration monarchique, depuis l'avène-
ment de Philippe-Auguste jusqu'à la mort de Louis XIV, par
A. Chéruel, docteur ès-lettres, maître de conférences à l'école
normale supérieure, membre du Comité de la langue, de
l'histoire et des arts de la France. Paris, Dezobry et E. Magdeleine, 1855. Imp. de J. Claye, 2 vol. in-8.

Tome Ier, Préface i-iv, Introduction, i-lxxi, et 399. —
Tome IIe, 1-512 pp.

Dictionnaire historique des Institutions, mœurs et coutumes
de la France, par A. Chéruel, docteur ès-lettres, maître de
conférences à l'École normale supérieure. Paris, librairie de
L. Hachette et Cie, 1885. Lahure, imprimeur, in-18 jésus,
divisé en deux parties.

Introduction, lxxvi et 1272 pp., sur deux colonnes.

Marie Stuart et Catherine de Médicis. Étude historique sur

44

les relations de la France et de l'Écosse dans la seconde moitié du xvie siècle. Paris, 1858, 1 vol. in-8, Hachette et Cie.

Cours d'Études pour la section des Lettres, rédigé conformément aux programmes des lycées et aux programmes pour l'examen du baccalauréat ès-lettres du 3 août 1857... par un professeur d'histoire de l'Académie de Paris. Paris, Dezobry. E. Magdeleine et Cie, libraires-éditeurs, 1858 (?), 3 vol. in-16.

Histoire ancienne, 272 pp.

Histoire du Moyen-Age, 318 pp.

Histoire des temps modernes, 376 pp.

Peu de personnes ont su que M. Chéruel était l'auteur de cet ouvrage, résumé de tout son enseignement, à Rouen et à Paris. N'est pas indiqué dans le Dictionnaire des Anonymes.

Dictionnaire des Antiquités romaines et grecques, accompagné de 2,000 gravures, d'après l'antique, représentant tous les objets de divers usages d'art et d'industrie des Grecs et des Romains, par Anthony Rich. — Traduit de l'anglais sous la direction de M. Chéruel, inspecteur de l'Académie impériale de Paris. — Paris, librairie de Firmin Didot frères, 1859, 1 fort vol. in-16, sur deux colonnes.

Mémoires sur la vie publique et privée de Fouquet, surintendant des finances, d'après ses lettres et des pièces inédites conservées à la Bibliothèque impériale, par A. Chéruel, inspecteur général de l'Instruction publique. Paris, Charpentier, éditeur, 1862. Impr. Simon Raçon et Cie, 2 vol. in-8.

Tome I, Préface i-xv et 519 pp.

Tome II, 1-563.

Saint-Simon considéré comme historien de Louis XIV, par A. Chéruel, inspecteur général de l'Instruction publique. Paris, librairie de L. Hachette, 1865, imp. Lahure, 1 vol. in-8. — Préface i-viii, et 660 pp.

Histoire de France pendant la minorité de Louis XIV, par
A. Chéruel, recteur honoraire et inspecteur général honoraire de l'Université, membre du Comité des travaux historiques et des Sociétés savantes. Paris, librairie Hachette et
Cⁱᵉ, 4 vol. in-8, 1879-1880. Imp. Emile Martinet.

T. I, Préface i-xx. Introduction xxi-lvii et 420 pages.

T. II, 528 pp.; t. III, 432 pp.; t. IV, 484 pp.

Histoire de France sous le ministère de Mazarin (1651-
1661), par A. Chéruel, recteur honoraire et inspecteur général
honoraire de l'Université, membre du Comité des travaux
historiques et des Sociétés savantes. Paris, librairie Hachette,
1882, imprim. Emile Martinet, 3 vol. in-8.

T. I, Avertissement i-xii, 447 pp.; t. II, 428 pp.; t. III,
442 pp.

III.

Éditions de Chroniques, Mémoires et Lettres
de Mazarin.

Normanniæ nova chronica ab anno Christi Ccclxxiii ad
annum Mccclxxviii, e tribus chronicis mss. sancti Laudi,
sanctæ Catharinæ et Majoris ecclesiæ Rotomagensium col-
lecta, nunc primum edidit e ms. codice Bibliothecæ publicæ
Rotomagensis, A. Chéruel, Scholæ Normalis alumnus olim,
nunc in eadem Schola Historiæ professor. Cadomi apud typo-
graphum, Bibliopolam A. Hardel, via frigida, 2. mdcccl,
in-4 de xxix et 50 pp., plus 3 pages pour les *Addenda et
Emendanda.*

(Extrait des *Mémoires de la Société des Antiquaires de Normandie.*)

Mémoires de Fléchier sur les Grands-Jours d'Auvergne en

1665, annotés et augmentés d'un Appendice, par M. Chéruel, et précédés d'une Notice par M. Sainte-Beuve, de l'Académie française. Paris, librairie de L. Hachette et Cie, 1856. Ch. Lahure, imprimeur, 1 vol. in-8. — Et aussi 1 vol. in-18 jésus.

Mémoires de Mlle de Montpensier, petite-fille d'Henri IV, collationnés sur le manuscrit autographe, avec notes biographiques et historiques, par A. Chéruel, maître de conférences à l'École normale, professeur suppléant à la Faculté des Lettres de Paris. Paris, Charpentier, libraire-éditeur, impr. par E. Thunot, Paris, 4 vol. in-8, 1857–1859.

Mémoires complets et authentiques du duc de Saint-Simon sur le siècle de Louis XIV et la Régence, collationnés soigneusement sur le manuscrit original, avec le consentement de M. le duc actuel de Saint-Simon, qui en est le seul propriétaire, par M. Chéruel, maître de conférences à l'École normale supérieure, avec une notice de M. Sainte-Beuve, de l'Académie française et une table alphabétique rédigée spécialement pour cette édition.

Cette édition fut publiée en trois formats :

1º Format in-8, grand papier, 20 volumes ;
2º Format in-8 ordinaire, 20 vol. ;
3º Format in-12 anglais, 13 vol.

Le tome Ier des trois éditions parut le 15 mai 1856, et les autres parurent de mois en mois. Ces trois éditions furent terminées en 1858. Ch. Lahure, imprimeur.

COLLECTION DES DOCUMENTS INÉDITS SUR L'HISTOIRE DE FRANCE, PUBLIÉS PAR LES SOINS DU MINISTRE DE L'INSTRUCTION PUBLIQUE.

Troisième série. — Histoire politique.

Journal d'Olivier Lefèvre d'Ormesson et Extraits des Mémoires d'André Lefèvre d'Ormesson, publiés par M. Chéruel. Paris, imprimerie impériale, 2 vol. in-4, 1860-1861.

Tome I. — 1643-1650.

Avertissement, i-iv. Introduction, i-cviii. — Journal, 860 pages.

Tome II. — 1661-1672.

Introduction, i-cxl. — Journal, 633 pages. A la suite : Extraits des Mémoires d'André d'Ormesson, 635-707 pp. — Appendice, 709-934 pp.

COLLECTIONS DES DOCUMENTS INÉDITS SUR L'HISTOIRE DE FRANCE.

Première série. — Histoire politique.

Lettres du cardinal Mazarin pendant son ministère, recueillies et publiées par M. A. Chéruel. Paris, imprimerie nationale, 6 vol. in-4, 1872-1890.

Tome I. — 1872 (décembre 1642-juin 1644.)

Ce volume contient 503 lettres imprimées, et l'analyse de 706 autres avec indications de sources.

Tome II. — 1879 (juillet 1644-décembre 1647.)

Ce volume contient 242 lettres imprimées, et l'analyse de
2.796 autres, avec indications de sources.

Tome III. — 1883 (janvier 1648-décembre 1650.)

« L'étendue de ce volume n'a pas permis d'y joindre les
analyses de lettres pour les cinq derniers mois de 1649, ni
pour l'année 1650; on les trouvera dans le tome IV de la correspondance du cardinal Mazarin, ainsi que la table analy-
tique des lettres imprimées dans le tome III, textuellement
ou par extraits. » Note de M. Chéruel à la page 1137 du
tome III.

Ce volume contient 402 lettres imprimées, et l'analyse de
1.197 autres, avec indications de sources.

Tome IV. — 1887 (janvier-décembre 1651.)

Ce volume contient 240 lettres imprimées, et, en plus, l'analyse de 475 lettres pour le tome III, et de 564 lettres pour le tome IV, avec indications de sources.

Tome V. — 1889 (janvier 1652-août 1653.)

Ce volume contient 297 lettres imprimées, et l'analyse de 487 autres, avec indications de sources.

Tome VI. — 1890 (septembre 1653-juin 1655.)

Ce volume contient 323 lettres, et l'analyse de 2.063 autres, avec indications de sources.

Dans les six volumes publiés à la mort de M. Chéruel, au 1er mai 1891, le chiffre des lettres imprimées est de. 3.302

Celui des lettres analysées 7.813

Total. . . . 11.115 lettres

Ces six volumes forment un ensemble de 5.759 pages, c'est-à-dire que chacun d'eux, en moyenne, a 959 pages, les uns plus, les autres moins.

APPENDICE.

I.

SUR LA PUBLICATION DES

LETTRES DU CARDINAL MAZARIN

Il est bien vrai qu'on peut dire de cette publication, après la mort de M. Chéruel :

Pendent opera interrupta.

Mais, si l'édition n'en est pas achevée, ce n'est pas de la faute de l'éditeur; il y a longtemps qu'elle était prête pour l'impression.

On sait que cette impression marcha fort lentement au début, et qu'elle n'alla jamais bien vite, six volumes en dix-huit ans! Le tome Ier parut en 1872, le tome IIe en 1879, le tome IIIe en 1883, et le tome IVe ne devait paraître qu'en 1887. Un jour que, regrettant avec lui cette grande lenteur apportée dans la publication, je lui en demandais la cause, il me dit que c'était le manque de fonds qui arrêtait le Ministre de l'Instruction publique, par les soins duquel elle est faite. — « Mais, me dit-il avec une certaine solennité, je vous prends à témoin, pour l'avenir, que tout mon travail est fait. Le voici exposé sur cette table. » Et il me mena vers une grande table, placée dans un coin de son cabinet, sur laquelle étaient rangées sept ou huit liasses énormes contenant les manuscrits des *Lettres de Mazarin*.

C'était en 1886 que je vis et touchai de ma main ces fruits d'un travail incessant, ce trésor de recherches, amassé avec un soin opiniâtre, le tout classé dans ce bel ordre que M. Chéruel apportait en tout. Je lui donnai alors le conseil d'en informer M. le Ministre de l'Instruction publique, afin de dégager sa responsabilité, et je sais qu'il l'a suivi en 1887.

Depuis lors la publication a marché un peu plus rapidement. Le tome IVe a été publié en 1887, le Ve en 1889, et le VIe en 1890. Il était en distribution en 1891, quelques semaines avant la mort de M. Chéruel.

Mais, si l'ouvrier a disparu, son œuvre ne sera pas perdue pour la science, puisque, depuis longtemps, elle est prête de tout point, et le Comité des travaux historiques trouvera facilement, dans son sein ou ailleurs, la personne capable de mener à bonne fin une publication que je regarde, parmi ses éditions, comme bien supérieure à celle des *Mémoires de Saint-Simon*, et pour les services qu'elle peut rendre à la science, et pour la somme de travail qu'elle a exigée de son auteur. Jamais la critique historique n'a été portée plus loin que dans les Avertissements placés en tête des volumes, dans l'établissement du texte et dans les rectifications qu'il comporte.

Ces dix ou onze volumes de la correspondance de Mazarin, œuvre vraiment colossale, ajouteront un dernier lustre à la renommée de M. Chéruel, comme historien du siècle de Louis XIV.

En attendant l'achèvement de l'édition, tous les volumes restés manuscrits ont été remis au Ministère de l'Instruction publique par M. Dethan, ancien élève du lycée Condorcet, docteur en droit, qui avait pour M. Chéruel un véritable culte. De même tous ses papiers et sa bibliothèque seront conservés au château de la Côte, par Bourdeilles (Dordogne). Il ne pouvait mieux faire, dans l'intérêt de la science, et comme dernière preuve de son affectueux dévoûment pour son grand-père, si regretté de tous.

II.

QUELQUES ÉLÈVES DE M. CHÉRUEL
A L'ÉCOLE NORMALE SUPÉRIEURE, DE 1850 A 1858.

L'enseignement historique de M. Chéruel, dans cette école, s'éleva, tout naturellement, avec le niveau de l'auditoire, et, comme au collège de Rouen, son influence y fut grande, tant sur l'ensemble des neuf promotions qui entendirent ses savantes leçons que sur la Section d'histoire en particulier.

C'est par ouï-dire que j'en parle, et je laisse le soin de le prouver au membre de cette école qui, par une pieuse et touchante coutume, ne manquera pas de faire, parmi les Notices sur les membres décédés en 1891, celle de M. Chéruel, pour être lue, en 1892, dans la réunion annuelle de l'Association des anciens élèves de cette école.

Il me suffira de rappeler ici les noms de quelques-uns de ces élèves de la Section de littérature ou d'histoire, dont la notoriété, dans les postes élevés qu'ils ont occupés ou qu'ils occupent encore, est un honneur pour le maître.

Parmi les vivants, et par ordre de promotion, il faut citer :

MM. GRÉARD, membre de l'Académie française et de l'Académie des Sciences morales et politiques, vice-recteur de l'Académie de Paris.

LEVASSEUR, membre de l'Académie des Sciences morales et politiques, professeur au Collège de France et au Conservatoire des Arts et Métiers. — Il m'a fait l'honneur de m'écrire : « C'est à M. Chéruel que je dois de m'être dirigé « vers l'histoire. »

CROUSLÉ, ancien professeur de rhétorique au lycée de Rouen, professeur d'éloquence française à la Sorbonne.

TOURNIER, maître de conférences de langue et de littérature grecque à l'Ecole normale.

HENRY, ancien professeur de rhétorique au lycée de Rouen, professeur de rhétorique au lycée Janson.

HEUZEY, ancien élève du lycée de Rouen, membre de l'Académie des Inscriptions et Belles-Lettres, professeur à l'École des Beaux-Arts et à l'école du Louvre.

LACHELIER, inspecteur général de l'enseignement secondaire.

BRÉAL, membre de l'Académie des Inscriptions et Belles-Lettres, professeur de grammaire comparée au Collège de France, inspecteur général honoraire de l'enseignement supérieur.

PERROT, membre de l'Académie des Inscriptions et Belles-Lettres, professeur d'archéologie à la Sorbonne, en congé, directeur de l'École normale.

HERVÉ, membre de l'Académie française, directeur du journal *Le Soleil*.

GUIBAL, doyen et professeur d'histoire de la Faculté des Lettres d'Aix.

MAILLET, ancien élève du lycée de Rouen, professeur de philosophie au lycée Louis-le-Grand.

Parmi les morts, il faut rappeler :

MM. PRÉVOST-PARADOL, membre de l'Académie française, ministre de France aux États-Unis d'Amérique.

FUSTEL DE COULANGES, membre de l'Académie des Sciences morales et politiques, directeur honoraire de l'École normale, professeur d'histoire du Moyen-Age à la Sorbonne.

GUIBOUT, ancien élève du lycée de Rouen, professeur d'histoire au lycée Charlemagne.

PÉRIGOT, ancien élève du lycée de Rouen, professeur d'histoire au lycée Saint-Louis.

PINARD, professeur d'histoire au lycée Fontanes.

FEUGÈRE, professeur de rhétorique au lycée Saint-Louis.

Il en est bien d'autres encore, dans l'École normale, dont M. Chéruel aimait à citer les noms et à rappeler le souvenir, à l'occasion de leurs succès, ou quand ils étaient animés d'un véritable amour de la science. Il leur portait à tous un vif intérêt et même un affectueux dévouement, et quand la mort venait frapper l'un d'eux avant le temps, il en ressentait une douleur réelle.

Sa correspondance en 1889 en apporte la preuve touchante que voici :

« J'ai éprouvé cet été, me dit-il, un vif chagrin de la mort de Fustel de Coulanges. Je l'avais eu pour élève à l'Ecole normale ; je l'avais retrouvé à Strasbourg, puis à Paris et à l'Institut. C'était un esprit des plus distingués et un historien du plus grand mérite. Ses ouvrages sur la *Cité antique* et sur les *Anciennes Institutions de la France*, ont une valeur scientifique et littéraire, qui a été très vivement appréciée. Il n'avait que cinquante-neuf ans, et on pouvait espérer qu'il donnerait de nouveaux ouvrages non moins estimés, lorsque la mort l'a frappé. » (Lettre du 28 octobre 1889).

Cette lettre vient encore à l'appui d'une remarque fort juste, que je trouve dans les *Souvenirs intimes* d'un homme qui a bien connu M. Chéruel. « Ce maître excellent, a dit M. Pierre Gauthiez, au lendemain de sa mort, toujours prêt à incliner devant d'autres sa courtoise modestie, n'avait point ce travers étrange qui porte certains professeurs à toujours conserver un ton de supériorité envers d'anciens élèves qui souvent les égalent ou les surpassent dans la vie. » (*Revue bleue*, 16 mai 1891).

C'est par ce trait remarquable du caractère de M. Chéruel que se terminera cette liste, forcément bien incomplète, de ses plus brillants élèves à l'École normale supérieure.

Au dernier moment, des renseignements m'arrivent qui me permettent de combler quelques-unes des lacunes de cette Notice.

M. Léopold Delisle m'apprend que : « l'achèvement de la publication des lettres de Mazarin est confié à M. d'Avenel, connu par un savant ouvrage sur le cardinal de Richelieu. » L'auteur de : *Richelieu et la monarchie absolue* est tout préparé pour continuer l'édition de la correspondance de son habile successeur au ministère.

Mgr Perraud, évêque d'Autun, membre de l'Académie française, s'applaudit d'avoir été « l'ancien élève de M. Chéruel à l'École normale, cet homme de bien, notre commun maître. »

Enfin, M. Levasseur, cité plus haut (p. 53), qui m'avait fait remarquer que « j'aurais pu ajouter quelques mots sur l'influence exercée par M. Chéruel à l'École normale », m'en a fourni les moyens dans la communication suivante, où figurent les noms de quelques-uns de ses élèves, devenus historiens.

« Parmi les élèves de M. Chéruel, vous pourrez, si vous faites une seconde édition, citer, outre Fustel de Coulanges,

« MM. BELOT, auteur de deux ouvrages d'une remarquable érudition sur les chevaliers romains, ancien professeur d'histoire à la Faculté de Lyon, où il a laissé d'excellents souvenirs de son enseignement, correspondant de l'Académie des Sciences morales et politiques.

« PIGEONNEAU, professeur d'histoire à la Sorbonne, auteur d'une très bonne histoire du commerce, encore inachevée (2 vol.), et géographe distingué, dont les manuels classiques sont très répandus dans l'enseignement.

« DRAPEYRON, professeur d'histoire au lycée Charlemagne, rédacteur en chef de la *Revue de Géographie*.

« MAZE, qui était professeur d'histoire avant de devenir député et sénateur. »

Tous ces noms témoignent de la grande influence de M. Chéruel à l'École normale et ajoutent à sa renommée comme professeur d'histoire.

Je prie instamment mes obligeants correspondants de vouloir bien recevoir ici tous mes sincères remerciements pour ces intéressantes communications, qui viennent rendre cette Notice moins incomplète.